农民进城就业指南

(第二版)

就业技能培训教材 | 人力资源社会保障部职业培训规划教材
人力资源社会保障部教材办公室组织编写

中国劳动社会保障出版社

图书在版编目(CIP)数据

农民进城就业指南/人力资源社会保障部教材办公室组织编写. -- 2版. -- 北京:中国劳动社会保障出版社,2019

ISBN 978-7-5167-3843-6

Ⅰ.①农… Ⅱ.①人… Ⅲ.①民工-劳动就业-中国-指南 Ⅳ.①D669.2-62

中国版本图书馆CIP数据核字(2019)第029777号

中国劳动社会保障出版社出版发行

(北京市惠新东街1号 邮政编码:100029)

*

中国标准出版社秦皇岛印刷厂印刷装订 新华书店经销

787毫米×1092毫米 48开本 1.5印张 25千字
2019年2月第2版 2021年3月第7次印刷
定价:3.00元

读者服务部电话:(010)64929211/84209101/64921644
营销中心电话:(010)64962347
出版社网址:http://www.class.com.cn

版权专有 侵权必究

如有印装差错,请与本社联系调换:(010)81211666
我社将与版权执法机关配合,大力打击盗印、销售和使用盗版图书活动,敬请广大读者协助举报,经查实将给予举报者奖励。
举报电话:(010)64954652

目 录

一、国家关于农民进城就业工作的方针原则

1. 一视同仁讲平等 ………………………… 2
2. 职业技能要提升 ………………………… 3
3. 就业创业有奔头 ………………………… 4
4. 维护权益不放松 ………………………… 6
5. 子女教育有保障 ………………………… 8
6. 居住条件须改善 ………………………… 9
7. 精神生活要丰富 ………………………… 10
8. 留守亲人有关怀 ………………………… 11

二、进城就业人员如何寻找工作

1. 进城就业有途径 ………………………… 13
2. 职业介绍有程序 ………………………… 15
3. 求职被骗可避免 ………………………… 16
4. 所求工作要合适 ………………………… 19
5. 职业技能不可少 ………………………… 20
6. 自主创业有条件 ………………………… 21

三、进城就业人员如何维护劳动保障权益

1. 劳动合同须签订 …………………………… 23
2. 劳动合同终止、解除有条件 ………………… 24
3. 工资支付方式有法定 ………………………… 26
4. 克扣、拖欠工资属违法 ……………………… 28
5. 获取加班工资有法依 ………………………… 29
6. 参加工伤保险有权利 ………………………… 31
7. 参加医疗、养老、失业保险理应当 ………… 32
8. 法律帮助维权益 ……………………………… 33

四、进城就业人员如何进行安全生产

1. 安全生产权利应知晓 ………………………… 36
2. 安全生产义务须牢记 ………………………… 37
3. 劳动防护用品佩戴好 ………………………… 38
4. 职业危害重预防 ……………………………… 40

五、进城就业人员如何提高自身素质

1. 干好本职是起点 ……………………………… 42
2. 文化知识要学好 ……………………………… 43
3. 提高技能不停步 ……………………………… 44
4. 职业生涯应规划 ……………………………… 46
5. 工匠精神不可少 ……………………………… 49
6. 心理健康要加强 ……………………………… 50

六、进城就业人员如何适应城市生活

1. 社会公德是准则 …………………… 53
2. 文明习惯应养成 …………………… 54
3. 公共环境要爱护 …………………… 54
4. 法律法规必遵守 …………………… 55
5. 交通安全须切记 …………………… 57
6. 生活安全多注意 …………………… 58
7. 科技生活要丰富 …………………… 60
8. 融入社区有归属 …………………… 63

一、国家关于农民进城就业工作的方针原则

改革开放以来,数以亿计的农民工发扬吃苦耐劳、勇于创造的精神,用勤劳的双手为我国经济社会发展做出了巨大贡献。目前,农民工已成为我国产业工人队伍的重要组成部分,在城市建设和经济发展中发挥着重要作用。

国家高度重视农民进城就业工作,近年来,在培训、就业、社会保险等方面出台了一系列政策措施,推动农民工转移就业规模持续扩大,职业技能不断提高,工资收入大幅增加,参加社会保险人数较快增长,劳动保障权益维护明显加强,享受基本公共服务范围逐步扩大,关心关爱农民工的社会氛围正在形成。这些政策措施与法规规定既是各地区、各部门开展工作的依据,也是进城就业人员自觉配合有关部门的管理、依法维护自身合法权益的依据。

1. 一视同仁讲平等

农民进城就业,不仅增加了个人收入,还满足了城市用工需求,为加快城乡发展做出了重要贡献。

国家对农民进城就业坚持以人为本、公平对待的原则,实行城乡劳动者平等的就业制度。《中华人民共和国就业促进法》明确规定,农村劳动者进城就业享有与城镇劳动者平等的劳动权利,不得对农村劳动者进城就业设置歧视性限制。

国家严格禁止针对农民进城就业的不合理收费,如暂住费、暂住(流动)人口管理费、城市增容费、外地务工经商人员管理服务费等,并要求加强检查监督,防止变换手法向进城就业人员乱收费。

国家要求取消对农民进城就业在职业工种上的歧视性限制。各行业和工种,尤其是特殊行业和工种要求的技术资格、健康等条件,对农村劳动者和城镇居民应一视同仁。

一、国家关于农民进城就业工作的方针原则

国家高度重视进城就业人员的生产安全和生活条件,要求大力改善他们的就业环境,切实维护他们的合法权益。

2. 职业技能要提升

越来越多的农民朋友进城就业,为使进城就业人员提高就业能力、找工作不犯愁并且更好地胜任本职工作,国家推出"农民工职业技能提升计划",加大了农民工职业培训工作力度,对进城就业劳动者开展就业技能培训,对农村未升学初高中毕业生开展劳动预备制培训,对在岗农民

工开展岗位技能提升培训,对具备中级以上职业技能的农民工开展高技能人才培训,将农民工纳入终身职业培训体系。

各地的进城就业人员可通过技工院校、职业院校、企业培训机构、就业训练中心、民办职业培训机构等教育培训机构,积极参加培训学习,强化实际操作技能训练和职业素质培养,使个人职业技能达到上岗要求或掌握初级以上职业技能。国家将按规定给予补贴。

3. 就业创业有奔头

国家不断完善和落实促进农民工就业创业的政策。引导农民工有序外出就业、鼓励农民工就地就近转移就业、扶持农民工返乡创业。

国家有关文件要求,要进一步清理针对农民工就业的户籍限制等歧视性规定,保障城乡劳动者平等就业权利。实现就业信息全国联网,为农民工提供免费的就业信息服务。完善城乡均等的公共就业

一、国家关于农民进城就业工作的方针原则

服务体系,有针对性地为农民工提供政策咨询、职业指导、职业介绍等公共就业服务。加强农民工输出输入地劳务对接,输出地可在本地农民工相对集中的输入地设立服务工作站点,输入地应给予支持。组织开展农民工就业服务"春风行动",加强农村劳动力转移就业工作示范县建设。

国家鼓励大力发展服务业特别是家庭服务业和中小微企业,开发适合农民工的就业岗位,建设减免收费的农贸市场和餐饮摊位,满足市民生活需求和促进农民工

就业。积极支持农产品产地初加工、休闲农业发展，引导有市场、有效益的劳动密集型产业优先向中西部转移，吸纳从东部返乡和就近转移的农民工就业。

国家有关规定明确将农民工纳入创业政策扶持范围，运用财政支持、创业投资引导和创业培训、政策性金融服务、小额担保贷款和贴息、生产经营场地和创业孵化基地等扶持政策，促进农民工创业。做好老少边穷地区、牧区、库区、渔区农牧渔民转移就业工作和农民工境外就业服务工作。

4. 维护权益不放松

• 国家要求严格执行劳动合同制度。用人单位必须依法与进城务工就业人员订立书面劳动合同并全面履行劳动合同约定的义务，不得违反劳动合同损害进城就业人员的合法权益。

• 国家要求建立农民工工资支付保障制度。严格规范用人单位工资支付行为，建立工资保证金制度,加强工资支付监督,从根本上解决拖欠、克扣农民工工资的问题。同时,合理确定和提高农民工工资水平,严格执行最低工资制度。

• 依法保障农民工职业安全卫生权益。要严格执行国家职业安全和劳动保护规程及标准,强化用人单位职业安全卫生的主体责任。切实保护女职工和未成年工权益,严禁使用童工。

• 积极稳妥地解决农民工社会保障问题。依法将与用人单位建立稳定劳动关系的农民工纳入城镇职工基本养老保险和基本医疗保险,研究完善灵活就业农民工参加基本养老保险政策,灵活就业农民工可以参加当地城镇居民基本医疗保险。完善社会保险关系转移接续政策。努力实现用人单位的农民工全部参加工伤保险,着力解决未参保用人单位的农民工工伤保险待遇保障问题。推动农民工与城镇职工平等参加失业保险、生育保险并平等享受待遇。

- 保障农民工依法享有的民主政治权利。招用农民工的单位,职工代表大会要有农民工代表,保障农民工参与企业民主管理的权利,并要依法保障农民工人身自由和人格尊严。

- 充分发挥工会维护农民工权益的作用。

- 加大维权执法力度。加强劳动保障监察执法,依法严厉查处侵犯农民工权益的违法行为。健全农民工维权举报投诉制度,及时处理农民工申诉的劳动争议案件。

5. 子女教育有保障

国家有关文件明确要求,要保障农民工随迁子女平等接受教育的权利。输入地政府要将符合规定条件的农民工随迁子女教育纳入教育发展规划,合理规划学校布局,科学核定公办学校教师编制,加大公办学校教育经费投入,保障农民工随迁子女平等接受义务教育的权利。

一、国家关于农民进城就业工作的方针原则

公办义务教育学校要普遍对农民工随迁子女开放,与城镇户籍学生混合编班,统一管理。积极创造条件着力满足农民工随迁子女接受普惠性学前教育的需求。开展关爱流动儿童活动。

6. 居住条件须改善

国家有关文件明确要求,要逐步改善农民工居住条件。支持增加中小户型普通商品住房供给,规范房屋租赁市场,积极支持符合条件的农民工购买或租赁商品住房,并按规定享受购房契税和印花税等优惠政策。完善住房保障制度,将符合条件的农民工纳入住房保障实施范围。加强城中村、棚户区环境整治和综合管理服务，使居住其中的农民工住宿条件得到改善。

国家允许农民工数量较多的企业在符合规划和规定标准的用地规模范围内，利用企业办公及生活服务设施用地建设农民工集体宿舍，督促和指导建设施工企业改善农民工住宿条件。

逐步将在城镇稳定就业的农民工纳入住房公积金制度实施范围。

7. 精神生活要丰富

国家有关文件明确要求，要丰富农民工精神文化生活。把农民工纳入城市公共文化服务体系，继续推动图书馆、文化馆、博物馆等公共文化服务设施向农民工同等免费开放。

推进"两看一上"（看报纸、看电视、有条件的能上网）活动，引导农民工积极参与全民阅读活动。

在农民工集中居住地规划建设简易实

用的文化体育设施。利用社区文化活动室、公园、城市广场等场地，经常性地开展群众文体活动，促进农民工与市民之间交往、交流。举办示范性农民工文化活动。鼓励企业开展面向农民工的公益性文化活动，鼓励文化单位、文艺工作者和其他社会力量为农民工提供免费或优惠的文化产品和服务。

8. 留守亲人有关怀

国家相关文件明确要求，要建立健全农村留守儿童、留守妇女和留守老人关爱服务体系。实施"共享蓝天"关爱农村留守儿童行动，完善工作机制、整合资源、增加投入，依托中小学、村民委员会普遍建立关爱服务阵地，做到有场所、有图书、有文体器材、有志愿者服务。

继续实施学前教育行动计划，加快发展农村学前教育，着力解决留守儿童入园需求。全面改善贫困地区薄弱学校基本办学条件，加快农村寄宿制学校建设，优先满足留守儿童寄宿需求,落实农村义务教育阶段家庭经济困难寄宿生生活补助政策。实施农村义务教育学生营养改善计划,开展心理关怀等活动,促进学校、家庭、社区有效衔接。

加强农村"妇女之家"建设,培育和扶持妇女互助合作组织,帮助留守妇女解决生产、生活困难。

全面实施城乡居民基本养老保险制度,建立健全农村老年社会福利和社会救助制度,发展适合农村特点的养老服务体系,努力保障留守老人生活。

加强社会治安管理,保障留守儿童、留守妇女和留守老人的安全,发挥农村社区综合服务设施关爱留守人员功能。

二、进城就业人员如何寻找工作

寻找工作是农民进城就业的重要环节。不同行业、不同工种对从业者有不同的素质要求。工作没有高低贵贱之分,适合自己的就是好工作。

1. 进城就业有途径

农民在劳务输出地可以参加政府部门组织的劳务输出,由输出地就业服务管理机构统一输送到劳务输入地务工。这种外出务工方式的优点如下。

• 信息真实可靠,管理比较规范,工资、待遇比较有保障。

• 有方便的后续服务,例如提供住宿,进行培训,帮助订购春节回家的车、船票等。

自己选择务工地进城就业的农民朋友,可以通过下述途径寻找工作。

- 由务工地政府部门设立的公共就业服务机构介绍就业。
- 由法人、其他组织或公民个人等举办的职业中介机构介绍就业。
- 通过亲戚朋友或老乡介绍工作。
- 通过广播、电视、报纸、刊物、互联网等媒体了解用工信息,自行到用人单位应聘。

就业信息网站见下表。

国家级就业信息网站

序号	网站名称	网址
1	中国公共招聘网	www.cjob.gov.cn
2	中国人力资源市场网	www.chrm.gov.cn
3	中国国家人才网	www.newjobs.com.cn
4	中国就业网	www.chinajob.gov.cn
5	中国人事考试网	www.cpta.gov.cn

扫描封底二维码,查看各省(自治区、直辖市)就业信息网站

2. 职业介绍有程序

职业介绍机构主要分为两类：由政府部门举办的公共就业服务机构是公益性服务单位，对进城就业人员免费提供政策法律咨询、职业供求信息、职业指导、职业介绍等服务；由法人、其他组织或公民个人等举办的职业中介机构，一般是经营性组织，进行职业介绍要收取费用。

进城就业人员在求职前对职业介绍程序应有所了解。职业介绍的一般程序如下。

• 办理求职登记。这时求职者需要提交自己的学历证明、职业资格证书、技能上岗证等。

• 填写求职登记表。求职者可以向职业介绍机构的工作人员咨询相关政策，接受职业指导，明确自己的求职方向后，再填写求职登记表。

• 推荐就业。职业介绍机构根据用人单位的需求，结合求职者的实际情况，向用人单位推荐求职者。

- 面试。求职者持职业介绍机构开具的推荐信,到用人单位面试。
- 用人单位和求职者互相满意,即可签订劳动合同。

3. 求职被骗可避免

农民进城找工作,因为缺乏求职经验,可能会受急于找工作的急躁情绪影响,被种种许诺所迷惑,导致上当受骗。农民进城就业要增强自我保护意识,警惕非法职业介绍机构和个人以介绍工作为名的欺骗行为。

- 看"两证"。很多城市出台规定,职业介绍机构须持有"职业介绍许可证"或"人才交流许可证",凡有"两证"中其中一证的中介机构,方为正规合法职业介绍机构,否则就为非法职业介绍机构。
- 莫贪小便宜,以防被私招滥雇。非法中介常常以找不到工作不收费为幌子,伺机寻找"猎物",诱惑求职者入套,以此向求职者收取费用。

二、进城就业人员如何寻找工作

• 索要正式发票。求职时一定要向收费的职业介绍机构索要税务局或财政局核发的正式发票,有了正式发票,等于多了一道"护身符"。

• 不轻信许诺到外地上岗。如果被要求去外地上班,不论其待遇有多么好,也不要轻信口头许诺,一定要到人力资源社会保障部门咨询,并办理相关手续,以免上当受骗。

• 发觉被骗,及时报案。求职时一旦发现上当受骗,要及时到招聘单位所在地区的相关管理部门和公安部门报案,寻求法律保护。

常见骗术举例如下。

• 电信网络诈骗。进城就业的农民朋友一定注意不要随意泄露个人身份信息,不要随意泄露个人银行卡账号和密码信息,更不要向所谓的"指定账户"汇款。

• 街边小广告骗钱。在街边的电线杆、地面等公共场所经常贴有一些不法分子制作的招聘广告,由于广告中提出的薪金优厚且要求不高,往往令农民工心动。而街边小广告大都是骗钱的,张贴这些招聘广告的公司大都没有营业执照,它们就是靠着一年到头的"急聘""急招"等伎俩从求职者腰包里骗钱。

• 打着"老乡"旗号介绍工作骗钱。一些骗子经常以给老乡介绍工作为由,采取私刻公章、伪造招工手续等手段专门坑害老乡或熟人。因此,如遇到所谓的"老乡"介绍工作,一定要先打电话到招聘单位,核实是否委托相关人员前来招工;再通过当地人力资源社会保障部门查明这家用人单位是否在招工,待一切证实后再作决定。

• 非法传销。传销的特点有三个:第一,交纳入门费获得加入资格;第二,发展下线组成层级关系;第三,层层返利形成多层次计酬。不管是产品传销还是微商变传销,只要同时具备这三个特征就是传销。切记天上没有掉馅饼的好事,万事要留个心眼,远离传销骗局。

二、进城就业人员如何寻找工作

4. 所求工作要合适

当前城镇中招用农民工较多的行业有建筑、装修、餐饮、家政服务、服装加工、美容美发、保安等。要正确把握自己的知识、技能、体质等条件，分析自己适合做什么工作。

• 从事建筑工作的人员要有较强壮的身体，并要有安全意识，还需要具备一定的技能与知识。

• 装修业对务工者有较高的技术要求，除了身体健康外，还要了解各种装修材料、工艺过程和安全常识。

- 餐饮业从业人员要身体健康,符合卫生行政部门的相关规定,有一定的文化和礼貌修养。
- 家政服务人员要身体健康,讲究卫生,性情温和,耐心细致,尊老爱幼,善于与人友好相处,最好受过相关服务规范培训。
- 服装加工业从业人员要经过专门培训,掌握服装加工专业技能。
- 美容美发业对务工者有较高的素质要求,除了要具备相关技能外,还要具备服务顾客的知识和能力。
- 从事保安工作的人员要身体健壮,经过专门培训,懂得法律常识,有较强的责任心,敢于同坏人坏事做斗争。

5. 职业技能不可少

进城就业,不论从事哪种职业,都需要一定的知识和技能。掌握必要的职业技能,可以更容易地找到适合自己的工作。

对于关系公共利益或涉及国家安全、

公共安全、人身健康、生命财产安全的特殊职业（工种），国家设置准入类职业资格。用人单位招用从事这些职业（工种）的劳动者，须从取得相应职业资格证书的人员中录用。国家对于具有较强专业性和社会通用性、技术技能要求较高的职业（工种），设置水平评价类职业资格。

为了增强自己的就业能力，进城就业人员应积极参加职业技能培训提升自己的知识和技能水平。

6. 自主创业有条件

农民进城就业，可以在各用人单位寻找工作，也可以从事个体工商经营和开办企业，自主创业。缺乏必要知识和技能的，可参加输出地或输入地组织的创业培训。经核准成为个体工商户的，可以在国家法律和政策允许的范围内，经营工业、手工业、建筑业、交通运输业、商业、餐饮业、服务业、修理业及其他行业。

自主创业需要具备如下条件。

- 创业者要具备相应的素质。
- 要有必要的资金。
- 要具备从事经营或生产的基本设施和工具。
- 一般还要有一个固定的经营或生产场所。

从事个体工商经营或开办私营企业，要注意按照规定到工商部门注册登记，接受审查和考核，领取营业执照，并照章纳税。

三、进城就业人员如何维护劳动保障权益

1. 劳动合同须签订

劳动合同是劳动者与用人单位签订的一份协议,用来明确劳动者与用人单位双方约定的权利和义务,是双方建立劳动关系的重要书面凭证。

劳动合同是维护劳动者和用人单位双方合法权益的依据。进城就业人员一旦找到工作,首先就要与用人单位或雇主签订劳动合同。

劳动合同的主要内容包括:

• 用人单位的名称、住所和法定代表人或者主要负责人。

• 劳动者的姓名、住址和居民身份证或者其他有效身份证件号码。

• 劳动合同期限。

• 工作内容和工作地点。

- 工作时间和休息休假。
- 劳动报酬。
- 社会保险。
- 劳动保护、劳动条件和职业危害防护。
- 法律法规规定应当纳入劳动合同的其他事项。

要注意避免签订无效劳动合同。违反法律法规的劳动合同,采用欺诈、胁迫的手段或者乘人之危,使对方在违背真实意思的情况下订立的劳动合同,用人单位免除自己的法定责任、排除劳动者权利的劳动合同,都是无效劳动合同。是否属于无效劳动合同,由劳动争议仲裁委员会或人民法院确认。

> 提示:
> 劳动合同可以协商约定试用期,但试用期不得超过 6 个月,而且试用期包括在劳动合同期限内。

2. 劳动合同终止、解除有条件

如果要结束劳动合同确立的劳动关

系,可以通过劳动合同法定终止或者解除劳动合同这两条途径来实现。

劳动合同终止的情形有两种:一是劳动合同期限届满;二是劳动者依法享受养老保险待遇或死亡,用人单位依法宣告破产或关闭等。

根据《中华人民共和国劳动法》《中华人民共和国劳动合同法》的规定,劳动者和用人单位协商一致可以解除劳动合同,也可以在符合法律规定的情况下单方解除劳动合同。

用人单位解除或终止与劳动者订立的劳动合同,在法律法规规定的情况下,应当依法向劳动者支付经济补偿金。

为保护劳动者的合法权益,出现下列情形用人单位不得解除劳动合同:

• 从事接触职业病危害作业的劳动者未进行离岗前职业健康检查,或者疑似职业病病人在诊断或者医学观察期间的。

• 在本单位患职业病或者因工负伤并被确认丧失或者部分丧失劳动能力的。

- 患病或者非因工负伤,在规定的医疗期内的。
- 女职工在孕期、产期、哺乳期的。
- 在本单位连续工作满 15 年,且距法定退休年龄不足 5 年的。
- 法律、行政法规规定的其他情形。

> 提示:
> 终止或解除劳动合同时,用人单位应当出具书面证明。

3. 工资支付方式有法定

工资是指用人单位依据国家有关规定或劳动合同的约定,以货币形式直接支付给劳动者的劳动报酬。

- 工资应以法定货币(即人民币)形式支付,不得以实物及有价证券代替货币支付。
- 工资必须在用人单位与劳动者约定的日期支付,每月至少支付一次。实行周、日、小时工资制的,可按周、日、小

三、进城就业人员如何维护劳动保障权益

时支付工资。

• 依法解除或终止劳动合同的,用人单位应在解除、终止劳动合同时一次性付清劳动者的工资。

• 用人单位支付给劳动者的工资不得低于当地政府制定的最低工资标准。

• 用人单位应将工资支付给劳动者本人;本人因故不能领取工资时,可由其亲属或委托他人代领。用人单位也可委托银行代发工资。

> **提示:**
> 用人单位支付工资时应向劳动者提供一份工资清单。同时,国家为了保护劳动者的基本生活,在劳动者提供正常劳动的情况下,强制规定用人单位必须支付给劳动者最低工资报酬,即实行最低工资标准制度。劳动者只要提供了8小时/天的劳动,用人单位支付的工资就不能低于最低工资标准。最低工资标准每年会随着生活费用水平、职工平均工资水平、经济发展水平的变化而由当地政府进行调整。

扫描封底二维码,查看全国各地区月最低工资标准

4. 克扣、拖欠工资属违法

《中华人民共和国劳动法》《中华人民共和国劳动合同法》明确规定,用人单位不得克扣或无故拖欠劳动者工资。

国家要求人力资源社会保障等部门加强对用人单位工资支付情况的监督检查,加大对拖欠农民工工资用人单位的处罚力度,责令其清欠补发并加付相当于工资报酬 50%~100% 的赔偿金,并强制其在开户银行预存工资保证金。

严厉打击恶意克扣、拖欠农民工工资的违法行为,情节严重的,依法责令其停业整顿,直至吊销营业执照,并对有关人员依法予以制裁。

三、进城就业人员如何维护劳动保障权益

> **提示：**
> 用人单位有克扣或无故拖欠劳动者工资等侵害劳动者工资报酬权益的行为，劳动者可以向当地人力资源社会保障行政部门举报，也可以依法向当地人民法院申请支付令。

5. 获取加班工资有法依

根据《中华人民共和国劳动法》及有关规定，我国实行劳动者每日工作时间不超过 8 小时、每周工作时间不超过 40 小时的标准工时制度。用人单位由于生产经

营需要，经与工会和劳动者协商后可以延长工作时间，一般每天不得超过1小时，特殊情况每天不得超过3小时，每月累计不得超过36小时。用人单位违反法律法规强迫劳动者延长工作时间的，劳动者有权拒绝。

用人单位按照国家规定安排劳动者加班的，应依法支付加班工资。

- 正常工作日延长工作时间的，应支付不低于劳动者工资的150%的工资报酬。

- 休息日安排加班又不能安排补休的，应支付不低于劳动者工资的200%的工资报酬。

- 法定休假日安排加班的，应支付不低于劳动者工资的300%的工资报酬。

> **提示：**
> 我国法定节假日包括：元旦1天，春节3天，清明节1天，劳动节1天，端午节1天，中秋节1天，国庆节3天。

6. 参加工伤保险有权利

根据《工伤保险条例》及有关规定，用人单位的全部职工，包括农民工，都应参加工伤保险。工伤保险费由企业或雇主缴纳，劳动者本人不缴费。

农民工受到事故伤害或者患职业病后，在参保地进行工伤认定、劳动能力鉴定，并按参保地的规定依法享受工伤保险待遇。

发生工伤后，应及时申请工伤认定。有下列情形之一的，应认定为工伤：

• 在工作时间和工作场所内，因工作原因受到事故伤害的。

• 工作时间前后在工作场所内，从事与工作有关的预备性或者收尾性工作受到事故伤害的。

• 在工作时间和工作场所内，因履行工作职责受到暴力等意外伤害的。

• 患职业病的。

• 因工外出期间，由于工作原因受到

伤害或者发生事故下落不明的。

• 在上下班途中，受到非本人主要责任的交通事故或者城市轨道交通、客运轮渡、火车事故伤害的。

• 法律、行政法规规定应当认定为工伤的其他情形。

> 提示：
> 即使用人单位未参加工伤保险，在农民工受到事故伤害或者患职业病后，用人单位也必须依法支付工伤保险待遇。

7. 参加医疗、养老、失业保险理应当

根据国家有关规定，各地要依法将与用人单位建立稳定劳动关系的农民工纳入基本医疗保险范围。重点解决农民工大病医疗保障问题，合理确定缴费率，主要由用人单位缴费。

根据国家有关规定，所有城镇企业职工和城镇个体工商户及其帮工，包括农民工，都应参加基本养老保险。同时要求，

探索适合农民工特点的低费率、广覆盖、可转移,并与现行养老保险制度相衔接的农民工养老保险办法。

国家有关规定还要求,城镇企事业单位招用的农民工应当参加失业保险,用人单位按规定为农民工缴纳失业保险费。符合规定条件的农民工,劳动合同期满未续订或提前解除劳动合同的,由社会保险经办机构按规定支付一次性生活补助。

目前,有的地区还将农民工纳入了生育保险范围,符合规定条件的农民工依法享有生育保险待遇。

8. 法律帮助维权益

为进一步加强人力资源社会保障公共咨询服务工作,提高人力资源社会保障系统的公共服务水平,各地建设并启用了12333全国统一公益服务电话号码,向社会提供了一个统一的人力资源社会保障公共服务窗口。找工作缺少就业指导,签订劳动合同苦于不了解劳动者权益,工资被拖欠……如果有这些方面的疑惑,都可以拨打电话12333进行咨询并获得指引和帮助。

当进城就业人员与用人单位之间发生劳动争议时,可以通过以下几个程序解决。

(1)协商解决。协商应在双方自愿的基础上进行。

(2)调解解决。不愿协商、协商不成或达成和解协议后不履行的,可以向调解组织申请调解。

(3)仲裁解决。不愿调解、调解不成或达成调解协议后不履行的,可以向劳动争议仲裁委员会申请仲裁。

(4)诉讼解决。对仲裁裁决不服的,除另有规定外,可以向人民法院提起诉讼。

三、进城就业人员如何维护劳动保障权益

• 当进城就业人员的合法权益受到用人单位或职业中介机构等侵害时,可以向劳动保障监察机构举报投诉。

• 当进城就业人员认为人力资源社会保障部门作出的具体行政行为侵害了自己的合法权益时,可以申请行政复议或者提起行政诉讼。

国家有关规定要求,要把进城就业人员列为法律援助的重点对象,积极做好对进城就业人员的法律服务和法律援助工作。

四、进城就业人员如何进行安全生产

1. 安全生产权利应知晓

劳动者的安全生产权利主要包括:

• 有权了解所在的作业场所和工作岗位存在哪些危险,可能发生哪些事故和伤害,如何防范和施救。

• 有权接受安全生产教育和培训。

• 有权获得保障自身安全与健康的劳动环境和条件,获得职业卫生保护和劳动防护用品。

• 有权对安全生产中存在的问题提出批评、检举、控告。

• 有权拒绝违章指挥和强令冒险作业,并在紧急情况下停止作业和紧急撤离。

• 因安全生产事故受到伤害或者患职业病时,依法享有工伤保险,还可依法向本单位提出赔偿要求。

- 女工有权享有特殊保护。例如,禁止单位安排女工从事矿山井下、森林伐木、登高架设、特别繁重体力劳动、有毒有害岗位劳动以及连续大强度负重作业等。对女工的"四期"保护也应按相关规定执行。

- 未成年工有权享有特殊保护。法律规定,任何单位不得安排未成年工(年满16周岁、未满18周岁)从事电工、焊工、起重工等特种作业;不得安排未成年工从事矿山井下、森林伐木、有毒有害、繁重体力劳动、登高架设等对发育成长有影响的作业。

法律还规定,任何用人单位不得非法招用未满16周岁的童工。

2. 安全生产义务须牢记

劳动者在享有安全生产权利的同时,也必须自觉履行相应的安全生产义务,主要包括:

- 遵守国家有关安全生产的法律、法

规和规章,遵守本单位的安全生产规章制度和操作规程,服从管理。

- 自觉接受安全生产教育和培训,掌握本职工作所需的安全生产知识,提高安全生产技能,增强事故预防和应急处理能力。
- 正确佩戴和使用劳动防护用品,这既是劳动者的安全生产权利,又是劳动者的安全生产义务。
- 发现事故隐患或者其他不安全因素,立即向现场安全生产管理人员或者本单位负责人报告,接到报告的人员应当及时予以处理。

3. 劳动防护用品佩戴好

劳动防护用品是指劳动者在生产活动中,为保证安全健康,防止事故伤害或职业性毒害而佩戴使用的各种用具的总称。

常用的劳动防护用品主要包括:安全帽、安全带、安全绳、安全网、防护手套、防护眼镜、安全鞋等。

四、进城就业人员如何进行安全生产

• 需要佩戴劳动防护用品的人员在使用劳动防护用品前,应认真阅读产品安全使用说明书,确认其使用范围、有效期限等内容,熟悉其使用、维护和保养方法,发现劳动防护用品有受损或超过有效使用期限等情况,绝不能冒险使用。

• 安全帽要戴正,帽带要系结实,防止因其戴歪或松动而降低抗冲击能力。

• 在进行金属切割或车床等机床操作时,严禁戴手套,以避免机床运行时被转动部件缠住或卷进去而引起事故。

• 穿着防护服要做到"三紧",即工作服的领口紧、袖口紧、下摆紧,防止敞开的袖口或衣襟被机器夹卷。

> 提示:
> 任何生产劳动过程中都存在着各种危险和有害因素,正确使用和佩戴劳动防护用品是保障劳动者安全的有效措施。

4. 职业危害重预防

企业在生产过程中可能会使用、生产或产生一些对劳动者健康有危害的物质,在其他职业活动中也可能存在危害人体健康的因素,这些生产过程和职业活动中的有害因素统称为职业危害。

职业危害主要分为三大类:

• 与生产过程相关的职业危害因素。

• 与劳动过程相关的职业危害因素。

• 由于作业场所的卫生技术条件不良或生产工艺落后及设备缺陷而导致产生的相关职业危害因素。

对于职业危害,要高度重视预防。用人单位要从原料、工艺、设备等方面进行改进,降低职业危害因素的产生,减少劳动者与职业危害因素的直接接触,这是防止职业危害的根本措施。同时,劳动者本人也要穿戴好个人劳动防护用品,严格遵守安全操作规程,以便消除或减少有害因素对自己和他人的危害。

五、进城就业人员如何提高自身素质

1. 干好本职是起点

"三百六十行,行行出状元",要树立"干一行、爱一行"的思想。每个行业都是服务社会的途径,每个岗位都是个人发展的起点。

• 专心致志投入工作。城市就业竞争十分激烈,找到一份工作很不容易,要珍惜就业机会,专心致志地投入工作。切忌"这山望着那山高",对正在从事的工作还未熟悉,又想换个工作。

• 努力掌握工作要领。注意在工作中边干边学,细心观察,多想多问,虚心求教,积累经验。只要做个有心人,善于学习,就能很快掌握工作要领。

• 树立职业责任意识。以高度的责任心对待工作,严格按照标准要求完成工作任务。一个人在就业过程中可能会有很多次岗位变动。然而,无论在什么岗位上,只要在岗一天,就应当认真负责地工作一天。这既是增强个人工作能力的必由之路,也是提高自身思想素质的重要途径。

进城就业人员在做好本职工作的同时,还要提高对职业道德的认识,自觉遵守职业道德规范,养成良好的职业道德品质。

2. 文化知识要学好

当今社会的发展日新月异,不论从事什么工作,都需要具备基本的文化素质。不少进城就业人员文化水平不高,更需要重视对科学文化知识的学习。

要有学习的自觉性和主动性。进城就业后工作很辛苦,业余时间不多,在务工的同时坚持学习科学文化知识,需要有坚强的毅力和克服困难的决心,才能做到持之以恒。

要充分利用各种学习机会和学习途径。

- 在日常生活中挤出时间多读书、多看报、多思考。
- 参加各地为进城就业人员举办的文化学校和培训班学习。
- 有条件的进城就业人员还可以参加更高层次的学习,如高等自学考试学习,以达到更高学力。
- 科学技术飞速发展,人们的生活方式在各方面都发生了翻天覆地的变化,进城就业人员可以加强对现代科学技术应用的学习,如网络支付、网络购物等,使生活更加方便快捷。
- 在线教育资源越来越丰富,进城就业人员可以通过互联网在线学习感兴趣的相关课程,开阔眼界,扩展知识面。

要合理安排时间,养成良好的学习习惯,并灵活运用学到的知识,学以致用,从而更好地工作和生活。

3. 提高技能不停步

随着科学技术的进步,新设备、新工

五、进城就业人员如何提高自身素质

艺、新方法不断涌现,劳动者通过接受教育、培训,一次性掌握一项职业技能即受用终身的情况难以持续,提高职业技能是一项长期而持续的任务。建立终身职业技能培训制度利国、利企、利民,具有很强的现实意义和长远的历史意义。2018年,国务院出台了《关于推行终身职业技能培训制度的意见》。其中规定:

建立并推行覆盖城乡全体劳动者、贯穿劳动者学习工作终身、适应就业创业和人才成长需要以及经济社会发展需求的终身职业技能培训制度,实现培训对象普惠化、培训资源市场化、培训载体多元化、培训方式多样化、培训管理规范化,大规模开展高质量的职业技能培训,努力培养造就规模宏大的高技能人才队伍和数以亿计的高素质劳动者。

因此,进城就业人员不论是在城市长期就业,还是将来返乡务工、创业或者从事农业生产,都应根据目前和今后工作需要,积极参加职业技能培训,努力学习和掌握职业知识技能，这是提高自身素质的重要方面。

学习、掌握和提高职业技能有多种途径，最重要的是以下两种途径。

• 参加职业技术培训。包括新技术、新工艺的培训等，系统学习适合自身发展需要的各级、各类职业知识和技术，及时更新自己的职业知识，掌握新的操作方法，不断提升职业能力。

• 在实践中增长才干。职业知识和技术与实际操作要紧密结合，只有在实际工作中勤学苦练，才能熟练地加以掌握。新入职的员工要虚心向老职工学习，通过他们的传、帮、带，可以进步得更快。

4. 职业生涯应规划

进城就业人员要取得不断进步、寻求更大发展，除了要努力提高科学文化知识和职业技能水平外，有条件的还要结合自身实际，制定一个切实可行的职业生涯规划。一个有效的职业生涯规划，必须是在充分且正确认识自身条件与相关环境的基础上制定的。每个人都有巨大的潜能,是否能够充分发挥自身优势,将直接关系到个人职业发展。

职业生涯规划应包括以下主要内容。

• 自我分析评价。自我分析是职业生涯规划的基础。首先要进行自我情况分析,了解自身的职业基本素养和能力等特点,如个人特质、兴趣爱好、处事风格等,尤其应客观地分析自己的职业技能和职业兴趣,在此基础上选择适合自己从事的职业。

• 职业分析评价。在进行职业生涯设计时,还必须了解职业类型、职业性质、职业区域分布等具体特点,了解不同职业岗位对从业者的素质和能力要求。除了解不同岗位所需的基本能力外,还要了解其所需的特殊职业技能,适当了解有关职业所在的组织、当地的相关政策等基本情况。同时,要分析人才供给、平均工资状况等,提高找到适合自己的工作的成功率。

- 社会环境分析。社会多种岗位需求是影响职业生涯规划的重要外部条件,是进城就业人员进行职业生涯规划的现实基础。要充分认识与了解本专业、本行业的现状以及发展趋势,紧密结合自身专长,评估环境对自己职业生涯发展的影响,在充分考虑个人能力和社会需求的前提下,有的放矢地制定切合实际的职业规划。
- 明确发展目标。发展目标可以是关系自己人生理想的大目标,也可以是掌握某一专业知识或技能的具体目标。不论哪类目标,都应在分析自身条件的基础上确定。既要看到有利条件,也要看到不利条件,这样确定的发展目标才切实可行。
- 确定发展阶段。可以把目标的实现划分为若干个阶段,从低到高、从易到难,形成一个发展过程,这样有利于目标的最终实现。
- 制定实施措施。实现目标的措施一

定要切实可行,在实现过程中还要根据情况变化及时作出调整和补充。

一个人制定了自己的职业发展规划,就有了发展的方向和前进的动力,职业规划会引导你不断前进,一步步迈向成功。

5. 工匠精神不可少

我国的工匠精神从古代就已经存在,"巧夺天工""鬼斧神工"等都是对中国古代工匠高超技能的描绘。当今的工匠精神,是指工匠对自己的产品精雕细琢、精益求精,追求完美的精神理念。工匠精神的目标是打造本行业最优质的产品,其他同行无法匹敌的卓越产品。概括起来,工匠精神就是追求卓越的创造精神、精益求精的品质精神、用户至上的服务精神。

实践证明,很多"工匠"都是从一线产业工人和基层劳动者中产生的。大多数农民工是一线产业工人,也是管理与服务的一线劳动者。而工匠精神的养成并非一朝一夕,需要付出时间和努力。进城就业人员应在长期工作中不断积累实践操作经验,用心磨炼技术技能,使技术技能不断精进,持之以恒,从量变达到质变,从而成为一名"道技合一"的"工匠"。

6. 心理健康要加强

广大农民工朋友应加强自我心理健康调节,科学地认识自己,积极面对各种困难和问题,更好地完善自我和发展自我。

• 认识自己,接受自己,管理自己。

五、进城就业人员如何提高自身素质

认识自己后要愉快地接受自己本来的样子。根据自身情况确定有意义的、可实现的目标,加强自我管理,抵御不良诱惑,努力奋斗,追求自己的目标。

• 从不同角度看问题。我们要清楚万事万物都是相对的,福祸相依。换个角度看一看,积极面对问题,会获得愉悦的心情和成功。

• 学会反思总结。人总有失误和不理智的时候。犯错误的时候应该冷静下来,清醒一下头脑,整理一下思绪,学会反思总结,取长补短,才能不断提高、不断走向成熟。

• 正视情绪,合理表达。要正视自己的消极情绪,可通过以下几种方式合理表达:第一,找他人倾诉;第二,在不影响他人的情况下适当宣泄;第三,使情绪升华。可以把消极的情绪升华为采取行动的推动力,努力改变不如意的状况。

• 培养人际交往能力。人是生活在社会中的,有良好的人际关系才会有愉快乐观的心情投入工作和学习,感受生活的温暖。因此,要培养良好的人际交往能力,要不断强化沟通意识,提高沟通能力,与人相处时要不卑不亢,尺度合适。

六、进城就业人员如何适应城市生活

1. 社会公德是准则

社会公德是人们在长期生活实践中形成的社会公共领域的道德规范,也就是人们在社会交往和公共生活中应遵循的行为准则,具有维护和保障社会生活正常、有序进行的作用。遵守社会公德是对每一个公民最基本的道德要求。

与农村相比,城市生活中涉及"公共"的问题远比农村突出。为更好地适应城市生活,做一个文明的城市居民,进城就业人员应努力增强社会公德意识,自觉把遵守社会公德作为自己基本的行为准则。

社会公德的主要内容包括:文明礼貌、助人为乐、爱护公物、保护环境、遵纪守法。这既是公民应有的道德修养,也是社会文明程度的重要体现。

2. 文明习惯应养成

文明习惯是对每一个人行为举止的基本要求。进城就业人员在自己的工作和生活中,要注意提高文明修养,养成良好的行为习惯。应着重注意:

- 卫生整洁,仪表文明。包括面容整洁、头发齐整、早晚刷牙、经常洗澡、勤换衣服等。
- 谈吐礼貌,语言文明。要习惯于运用礼貌语言,与人交谈时诚恳、和气,不说脏话、粗话。
- 谦和礼让,举止文明。行路、乘车、购物、做客等都应注意礼节,谦虚和蔼,礼让他人,遵守秩序。任何场合都不可粗暴无礼,背离公共生活准则。

3. 公共环境要爱护

爱护公共环境是每个公民的社会责任和义务,也是进城就业人员经常要面对的

公共生活领域的重要问题。应切实做到:

- 自觉爱护国家和社会的公共财物,反对和抵制任何侵害公共财物的行为。
- 注意爱护公共设施,包括水电线路、通信设备和交通、消防、卫生等设施。
- 注意维护市容和环境卫生,不乱扔垃圾,保持环境清洁,避免发生损害居住环境的行为。
- 自觉遵守公共秩序,不妨碍他人正常生活。
- 要爱护生态环境,节约用水,节约和节制使用各种资源、能源,不做污染和破坏环境的事情。

4. 法律法规必遵守

遵守法律法规是每个公民必须具备的道德品质,也是具有强制意义的行为规则。进城就业人员要努力增强法制观念,在生活和工作中严格按照法律法规的要求办事。

自觉遵守法律法规,应从以下几个方

面做起。

- 注意学习法律法规知识。特别要注意学习与城市生活有关的法律法规,如治安管理规定、道路交通规定等。只有知道了按照法律规定应该做什么、不应该做什么,才能使自己的行为符合法律法规的要求。

- 树立牢固的守法意识。以遵纪守法为荣,以违法乱纪为耻,自觉约束自己的行为,不做违法的事情,否则会受到法律的制裁。

- 注意养成遵守法律法规的良好习惯。要严格要求自己,从小事做起,从身边事做起,使遵守法律法规成为自觉的行为。

- 网络法规要遵循。需谨记上网要守法,网络世界并不是法外之地,应做理性、守法的高素质网民,不信谣、不造谣、不传谣,维护有序的网络环境。应遵守《文明上网自律公约》:自觉遵纪守法,倡导社会公德,促进绿色网络建设;提倡先进文化,摒弃消极颓废,促进网络文明健康;提倡自主创新,摒弃盗版剽窃,促进网络应用繁荣;提倡互相尊重,摒弃造谣诽谤,促进网络和谐共处;提倡诚实守信,摒弃弄虚作假,促进网络安全可信;提倡社会关爱,摒弃低俗沉迷,促进少年健康成长;提倡公平竞争,摒弃尔虞我诈,促进网络百花齐放;提倡人人受益,消除数字鸿沟,促进信息资源共享。

5. 交通安全须切记

城市中人多车多,进城就业人员应了解城市道路交通法规,注意遵守交通规则,自觉维护交通安全。

• 熟悉交通信号、交通标志和交通标线。需要掌握的最基本常识有:交通信号灯为绿灯亮,表示可以通行;黄灯亮,表示警示;红灯亮,表示禁止通行。

• 遵守徒步出行的规定。行人须在人行道内行走,没有人行道的靠边行走。过马路时,须走人行横道,千万不要跨越护栏。

• 遵守骑车、乘车的规定。骑自行车时,不要双手离把;不要在人行横道上骑车;不要骑车互相追逐。乘车时,要在站台或指定的地点依次候车,先下后上。

• 遵守驾驶车辆的规定。驾驶机动车辆要严格遵守交通规则,服从交警指挥,喝酒之后绝对不可驾车,以免发生严重交通事故。

6. 生活安全多注意

• 提高防火意识。来到陌生的地方,

就要及时了解、熟悉那里的生活环境,以及防火自救的办法。生活中要严格按照规定使用燃气设备,使用后注意关好阀门。不要躺在床上吸烟。

• 不要在禁烟区域吸烟,不要乱扔烟蒂。

• 注意用电安全。在使用电器时,应先插好电源插头,然后打开电器开关。用完后,应先关掉电器开关,然后拔掉电源插头。在插拔插头时,要用手握住插头绝缘体,不要拉住导线使劲拔。湿手不要接触带电设备,不要用湿布擦拭带电设备,不要将湿毛巾挂在电风扇或电热取暖器上。

• 预防煤气中毒。用煤炉做饭取暖,要检查排气管是否通畅。用管道煤气做饭、烧水,要注意室内通风。发现管道、炉具漏气,要及时修理。

• 警惕食物中毒。不吃过期、变质的食物,黄花菜、四季豆、贝类等应充分煮熟后再吃。食物中毒的一般症状是腹痛、上吐下泻、头晕头痛。一旦发现或怀疑食物中毒,要赶紧到附近的医院就医。

• 加强健康保护。进城就业人员大多生活条件较差,不少人过着集体生活,感染疾病的机会较多。要养成良好的生活习惯,注意个人卫生和环境卫生,按规定进行计划免疫和疾病防控。一旦生病,就要注意科学就医,避免小患酿成大病。

7. 科技生活要丰富

随着科学技术的进步,人们的生活方式也发生了巨大的变化。互联网已经融入人们生活的方方面面,进城就业人员应学习各种新科技在生活中的应用方法,以便更方便快捷地生活。

常见的新科技应用主要有以下几个方面。

• 网上购物。即通过互联网在各大购物平台上检索商品并在线支付购买,由快递员送货上门的购物方式。购物流程如下图所示。

六、进城就业人员如何适应城市生活

```
选择购物网站 → 可通过互联网检索正规的大型购物网站或者安装购物平台的官方App

注册账号 → 打开购物网址或App注册账号

挑选商品 → 搜索并挑选所需要的商品，挑选时应注意店铺信用、购物评价及售后服务说明等信息

协商交易事宜 → 可与店主或客服沟通商品、交易等相关事宜，也可直接将商品添加至购物车并下单

填写准确详细的收货地址和联系方式 → 确定购买后，填写详细的收货地址和联系方式（不同的网站，此步骤的操作顺序有所不同）

选择支付方式 → 提交订单后，进入支付页面，选择网络支付方式后支付订单金额

收货验货 → 买家支付金额后，卖家备货并按照买家所填写的收货地址发货，买家收货验收所买商品

退换货 → 如商品有问题可联系卖家售后服务客服，根据售后服务条款进行退换货处理

退款 → 买家按照要求寄回问题商品，卖家收到货后核实并将货款沿原路退回买家账户

评价 → 交易完成后，买家可对此订单进行评价
```

• 在线学习。在线学习是通过计算机互联网或通过手机无线网络,在一个网络虚拟教室进行学习的方式。在线学习的一个好处是不受时间、地点、空间的限制,并且可以实现和现实情境中一样的互动。一般在线学习流程如下图所示。

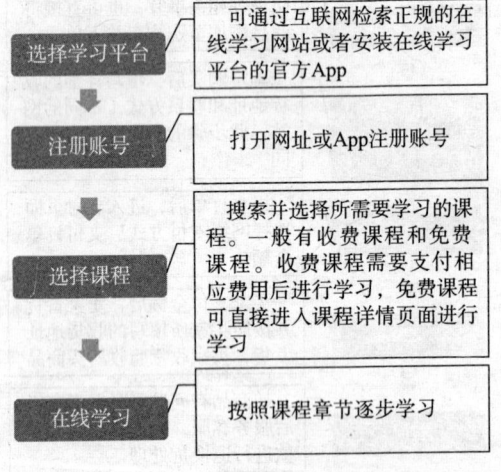

• 在线支付。在线支付是指卖方与买方通过互联网上的网络购物网站进行交易时,银行为其提供网上资金结算服务的一种业务。支付方式主要有两种:方式一,网银支付。直接通过登录网上银行进行支付的方式,要求开通个人网上银行才可使用。具体开通网银的方式可在各大银行官网进行查询或致电银行客服。方式二,第三方支付。最常用的第三方支付是支付宝、微信支付等。

8. 融入社区有归属

促进农民工与城市居民和睦相处,尽早尽快融入城市生活,既是加强和创新社会管理、深化和谐社区建设的重要任务,也是维护社会公平正义、构建社会主义和谐社会的迫切需要。国家有关文件提出了当前促进农民工融入社区工作的五项任务。

(1)构建以社区为载体的农民工服务管理平台。以农民工需求为导向,整合延伸到社区的人口、就业、社保、民政、教育、卫生、文化以及综治、维稳、信访、法律服务等社会管理职能和服务资源,调整工作力量,完善以社区服务站为主体的社区综合服务管理平台,将农民工服务管理纳入其中。

(2)落实政策扎实做好农民工社区就业服务工作。紧密结合农民工就业服务需求,依托社区公共就业服务窗口,配合相关部门做好针对农民工的就业政策咨询、就业信息发布、职业教育技能培训、创业技能培训和职业介绍服务等工作,促进农民工创业就业。积极协调有关部门帮助农民工化解劳动矛盾、劳动纠纷,切实维护好农民工的合法权益。

(3)切实保障农民工参与社区自治的权利。在本社区符合选民资格条件的农民工,由本人提出申请,经社区选举委员会同意,可以参加本社区居民委员会的选举。鼓励符合条件的农民工经过民主程序担任居民委员会成员、居民小组长、居民委员会下属委员会成员、楼栋长和居民代表。

(4)健全覆盖农民工的社区服务和管理体系。按照社区基本公共服务均等化的要求,将涉及农民工切身利益的劳动就业、公共卫生、住房保障、社会保障、计划生育、社区矫正、安置帮教、法律援助、优抚救济、社区教育、社会救助、文化体育、社会治安等社区服务项目逐步向农民工覆盖。

(5)大力发展丰富多彩的社区文化生活。社区文体活动设施要向农民工开放,吸引农民工参与各种社区文体组织和文体活动,丰富农民工的文化生活。通过举办邻里节、社区运动会、社区"跳蚤市场"、邻里聚餐会等睦邻活动,加强本地居民与农民工的接触、交流和沟通,促进新老居民之间的情感交流和生活交融。通过举办公益性慈善救助、邻里互助、志愿服务等公益性活动,引导农民工和当地居民互帮互助、和谐相处,加快农民工融入社区的步伐。